BIBLIOGRAPHIE
DES TRAVAUX
DE
M. A. DE MONTAIGLON
PROFESSEUR A L'ÉCOLE DES CHARTES

SUPPLÉMENT

PAR

FERNAND BOURNON ET GASTON DUVAL

PARIS
LIBRAIRIE HENRI LECLERC
219, RUE SAINT-HONORÉ, 219
et 16, rue d'Alger.

1900

à mon ami Maurice Dumoulin

Affectueux souvenir d'un des auteurs
(celui qui est dreyfusard)

Fernand Bournon

BIBLIOGRAPHIE

DES

TRAVAUX DE M. A. DE MONTAIGLON

EXTRAIT DU BULLETIN DU BIBLIOPHILE

TIRÉ A CENT VINGT EXEMPLAIRES

A. DE MONTAIGLON

(Août 1893).

BIBLIOGRAPHIE
DES TRAVAUX
DE
M. A. DE MONTAIGLON
PROFESSEUR A L'ÉCOLE DES CHARTES

SUPPLÉMENT

PAR

FERNAND BOURNON ET GASTON DUVAL

PARIS
LIBRAIRIE HENRI LECLERC
219, RUE SAINT-HONORÉ, 219
et 16, rue d'Alger.

1900

BIBLIOGRAPHIE

DES TRAVAUX

DE

M. A. DE MONTAIGLON

PROFESSEUR A L'ÉCOLE DES CHARTES

SUPPLÉMENT

En 1891, quelques anciens élèves et amis d'Anatole de Montaiglon eurent l'idée d'offrir au savant érudit un témoignage affectueux de leur souvenir. L'usage s'est établi depuis longtemps de reconnaître ainsi par le don d'une œuvre d'art, d'autant plus riche que les souscripteurs y ont été plus nombreux, les mérites d'une longue carrière entièrement vouée au travail. Montaiglon y avait certes tous les droits ; il n'avait pas été gâté par les honneurs, académiques et autres, et l'on peut dire que son labeur a été bien plus artistique qu'intéressé.

En songeant à l'énorme production littéraire et archéologique que représentaient cinquante années de sa vie, on pensa que rien peut-être ne lui serait plus agréable que de recevoir, lui vivant, l'hommage d'une Bibliographie complète de ses œuvres, imprimée avec le luxe simple que son bon goût lui faisait apprécier.

L'ouvrage fut achevé au mois de novembre 1891, et publié sans nom d'auteur. Il est permis de faire connaître aujourd'hui qu'il avait été rédigé par MM. Bournon, Guiffrey, Lacombe, Mareuse, Morel-Fatio et Tourneux — sans que l'ordre alphabétique préjuge ici l'importance de la collaboration, — et que ce fut le dernier livre auquel le regretté Jouaust ait consacré ses soins personnels.

Au cours d'un banquet qui eut lieu le 21 décembre 1891, on en offrit à Montaiglon un exemplaire tiré spécialement pour lui. Plusieurs discours furent prononcés, où l'œuvre du maître fut célébrée en termes émus. Lui, toujours modeste, protestait, mais il était visiblement heureux, sans orgueil (1).

Dans le compte-rendu qu'il fit à l'Académie des Inscriptions et Belles-Lettres (séance du 30 décembre) de la *Bibliographie des œuvres de A. de Montaiglon*, M. de Lasteyrie terminait en ces termes : « Telle qu'elle est, cette liste comprend actuellement 684 nu-

---

(1) Dans son numéro du 23 décembre 1891, le journal l'*Eclair*, sous le titre *Hommage à l'un des maîtres de l'école des Chartes*, consacra à cette fête intime un article charmant dû, nous croyons le savoir, à M. G. Montorgueil.

Quant à la *Bibliographie*, nous ne saurions en donner une description meilleure à tous points de vue que celle qu'en a faite M. Georges Vicaire dans le tome Ier, col. 480 de son *Manuel de l'amateur de livres du XIXe siècle*.

méros. Les auteurs d'un travail souhaitent habituellement que leur œuvre soit définitive. Je ne trahirai pas le sentiment des auteurs de cette bibliographie... en émettant le vœu qu'elle devienne promptement incomplète, et qu'il soit nécessaire d'y ajouter un fort supplément. »

L'éminent archéologue avait bien raison et tel était, en effet, le souhait de tous. Hélas ! le poids des ans commençait à se faire sentir. L'activité de Montaiglon alla toujours décroissant, jusqu'au moment où la mort le frappa, le 1er septembre 1895, à Tours, où depuis si longtemps il recevait une hospitalité amicale qui lui était infiniment chère. La plume ne lui était tombée des doigts que quelques jours auparavant.

Le supplément prévu dès 1891 n'est donc pas aussi considérable que nous l'aurions voulu. Il n'en était pas moins indispensable.

Dans une première division sont placées les additions et rectifications (une bibliographie en comporte toujours) au volume de 1891 ; puis, viennent les œuvres publiées postérieurement à cette date, du vivant de leur auteur ou après sa mort ; enfin, la brève énumération des articles nécrologiques et des études biographiques.

Supplément a la « Bibliographie » de 1891.

6. Procès-verbaux de l'Académie royale de peinture et de sculpture, 1648-1793, publiés pour la Société de l'his-

toire de l'art français, d'après les registres originaux conservés à l'Ecole des beaux-arts, par M. Anatole de Montaiglon. *Paris, Charavay frères*, 1892, in-8.

<small>T. X (1789-1793). (1).
Publication de la Société de l'histoire de l'Art français.</small>

10. Correspondance des Directeurs de l'Académie de France à Rome avec le Surintendant des Bâtiments, publiée, d'après les manuscrits des Archives nationales, par M. Anatole de Montaiglon, sous le patronage de la Direction des beaux-arts. *Paris, Charavay*, 1893-1895. 2 vol. in-8.

<small>T. IV (1711-1716), 1893.
T. V (1716-1720), 1895.
Publication de la Société de l'histoire de l'Art français (2).</small>

12. *Corrigez :* 2 vol. in-8 à pagination continue.

69. *Ajoutez :* [pendant le moyen âge] et la Renaissance.

45bis. [Lettre à M. A. Willems au sujet de deux portraits de Louis Elzévier, fils d'Isaac, et de sa femme, conservés au musée de la ville de Tours].

<small>Publiée en note à la page CLXI du livre de M. A. Willems : *Les Elzévier, histoire et annales typographiques. Bruxelles, Paris et La Haye*, 1880, in-8.</small>

242bis. [Lettre à M. Louis Gonse, signée Anatole de Montaiglon, sur l'attribution à Michel-Ange de la Vierge de Bruges, et imprimée dans un article de M. L. Gonse : Quelques mots encore sur la Madone de Bruges].

<small>*La Chronique des Arts et de la Curiosité*, année 1875, p. 298.</small>

<small>(1) La table annoncée par une note n'a jamais paru, ni même été commencée.
(2) M. J. Guiffrey a été chargé de continuer l'édition de cette *Correspondance*, avec le concours de M. A. Tausserat.</small>

352. *Ajoutez :* L'édition in-8 porte la date de mai 1861.

384. *Ajoutez :* Tiré à part à 25 exemplaires avec la pagination des *Archives.*

486bis. Le Banquet du Boys. Nouveau texte publié avec une introduction et des notes, parMM. Anatole de Montaiglon et James de Rothschild. *Paris, Daffis,* 1875, in-16, 32 pp.

<small>Collection de la *Bibliothèque Elzévirienne.*
Extrait du tome X du *Recueil des poésies françaises des XVe et XVIe siècles.*</small>

493. *Corrigez :* 1872 (au lieu de 1877).

501bis. Fables de La Fontaine, avec les figures d'Oudry. Réimpression de l'édition Desaint et Saillant (1755), précédée d'une notice par M. Anatole de Montaiglon. *Paris, A. Lévy,* 1886-1888, 4 vol. gr. in-4.

503. Œuvres de Molière. Illustrations par Maurice Leloir. Notices par Anatole de Montaiglon. *Paris, E. Testard,* 1891-1895 (1).

<small>*L'Amphitryon* (1891) : notice de 22 pages.
George Dandin (1892) : notice de 12 pages.
L'Avare (1892) : notice de 11 pages, signée.
Les Amans magnifiques, comédie meslée de musique et d'entrées de ballet (1894) : notice de 8 pages.
Le Bourgeois gentilhomme (1895) : notice de 7 pages.</small>

505. *Ajoutez :* Le catalogue des publications de l'*Académie des Bibliophiles* porte : par M. A. de Montaiglon.

513bis. Introduction placée en tête de : *Master Francis Rabelais... Translated in english by sir Thomas Urquhart of Cromarty and Peter Antony Motteux,*

<small>(1) M. Téodor de Wyzewa a rédigé les notices des cinq pièces qui ont terminé la publication.</small>

with an introduction by Anatole de Montaiglon. Illustration by Louis Chalon. London, Lawrence and Bullen, 2 vol. gr. in-8.

<small>Le tome II porte la date de 1892.
L'introduction, non signée, occupe les pages XV-XLVI.</small>

538bis. F. Le Proux.

<small>*Bulletin monumental*, 1875, t. XLI, p. 587 et 588.</small>

539. *Ajoutez :* Cette notice a été réimprimée dans l'ouvrage de M. Ferdinand de Lasteyrie : *Le connétable de Montmorency* (Paris, Quantin, 1879, in-8), p. 34-38.

539bis. Paul Chéron.

<small>*Chronique des Arts et de la Curiosité*, n° du 14 mai 1881, p. 159-160.</small>

570. *Ajoutez :* Réimprimé dans la *Revue des Provinces*, n° du 15 décembre 1864, p. 517-524.

571bis. Compte rendu de l'ouvrage intitulé : *Segrais, sa vie et ses œuvres*, par M. Brédif.

<small>*Revue des Provinces*, n° du 15 mai 1864, p. 216-226.</small>

600. *Corrigez :* 1877 (au lieu de 1878).

670bis. *L'éternelle chanson.* Paroles de M. A. de Montaiglon, musique de M. Albert L'Hoste. *Paris, Marcel Colombier*, s. d., in-fol.

671. *Ajoutez :* Il y a des exemplaires sur papier vert.

671bis. *De cet élégant escalier...*

<small>Sonnet imprimé, en note, à la fin de l'article de M. Jules Cousin : « L'hôtel de Beauvais », paru dans la *Revue universelle des arts*, tome XX, p. 167, et à la page 65 du tirage à part (1864).</small>

672. *Ajoutez :* Il existe quelques exemplaires sur papier de Chine.

675bis. *Si de l'Orme n'est pas sans recherche pimpante...*

« Pour mon ami Léon Charvet, 19 juillet 1880. »

Sonnet imprimé en tête d'une brochure de M. Léon Charvet, *Philibert de l'Orme*, s. l. n. d. (*Lyon, Mougin-Rusand*, 1880), 58 pp. in-8 et 7 grav.

684bis. Le Semeur.

Sonnet.
Le Semeur, n° du 10 mars 1888, p. 125.

Travaux postérieurs
a la « Bibliographie » de 1891.

1891

Voyez le n° 503.

1892

Jacques-Henri Bernardin de Saint-Pierre. Le café de Surate. *Lisieux*, août 1892, in-8, 12 pages.

Au verso du titre, cette mention : « A mon ami Fernand de Mély, A. de Montaiglon. Mesnil-Germain, 11 août 1892. »

Musée de Lisieux. *Inventaire général des richesses d'art de la France,* province, tome VI, monuments civils, p. 233-257.

Signé, à la page 257, F. de Mély et Anatole de Montaiglon.
Tiré à part sous ce titre : *Histoire et description du musée de Lisieux*, par F. de Mély... et A. de Montaiglon. *Paris, Plon,* s. d. (1892), grand in-8 de 25 p.

Les funérailles de Viking.

Poésie.
Journal officiel de l'Exposition de Tours, n° du 9 avril, p. 4.

Pantoum. *Le ruisseau coule au pied d'une pente écartée...*

Ibid., n° du 7 mai, p. 6.

Pantoum. *Hélas, Amour m'emporte où je ne voudrais pas...*

Ibid., n° du 14 mai, p. 8.

Pantoum. *La lune de Juillet a lentement monté...*

Ibid., n° du 21 mai, p. 8.

L'Hiver.

Poésie.
Ibid., n° du 8 octobre, p. 7.

[Lettre signée Anatole de Montaiglon, annonçant à la rédaction du journal la mort de M. Alfred Didier.]

« Fondettes-Vallières, mardi 18 octobre 1892. »
Ibid., n° du 25 octobre, p. 1.

Au Salon de Tours. Sonnets.

L'apothéose de Roland, — Tableau de M. Alfred Didier.
Apollon chez les Bergers. — Bas-relief de M. Sicard.
Ibid., n° du 25 octobre, p. 7.

[Traduction française en vers blancs de la pièce servant de prologue à l'ouvrage *Old Touraine* de M. Théodore-Andréa Cook. — Notice signée Anatole de Montaiglon.]

Ibid., n° du 25 octobre, p. 14.

Fin d'un beau jour sur la Loire.

Sonnet.
Ibid., n° du 25 octobre, p. 17.

Un porte-plume métallique du Trésor de Saint François d'Assise (XVIIe siècle).

Revue de l'Art chrétien, V[e] série, t. I, (1892) p. 491-492.

Autrefois, les duels étaient une bataille...

Sonnet, signé Anatole de Montaiglon, imprimé en tête de l'ouvrage de M. Gabriel Letainturier-Fradin : *Le Duel à travers les âges*. Paris, *Flammarion*, s. d., gr. in-8.

Voyez, en outre, les n°s 6 et 503.

1893

Descriptions de l'Académie Royale de peinture et de sculpture par son secrétaire, Nicolas Guérin et par Antoine-Nicolas Dezallier d'Argenville, le fils, 1715-1781. *Paris*, 1893, gr. in-8, IX-205 p., pl. hors texte.

Publication de la Société de propagation des livres d'art.

[Discours prononcé par M. de Montaiglon, délégué de M. le Ministre de l'Instruction publique et des Beaux-Arts, à la distribution des prix de l'Ecole régionale des Beaux-Arts de Tours, le 30 juillet 1893.]

Pages 5-27 du *Palmarès* ; *Tours*, imp. Danjard-Kop, 1893, in-8.
Sur Abraham Bosse.

[Note de M. A. de Montaiglon sur les médailles frappées à l'occasion du mariage de Henri de Navarre avec Marguerite de France, sœur de Charles IX, le 4 août 1572.]

Bulletin de la Société nationale des Antiquaires de France (1893), p. 86 et 87.

[Compte rendu de la brochure intitulée : *Documents inédits relatifs à Jean Racine et à sa famille, publiés d'après les originaux par le vicomte de Grouchy* (Paris, Techener, 1892, in-8).]

Revue de l'Art chrétien, V^e série, t. 2 (1893), p. 66-68.

Les noms personnels des Papes en ordre alphabétique.

Ibid., V^e série, t. 2 (1893), p. 138-142.

[Note, à propos d'un roman anglais, sur des enseignes populaires où se voient des représentations religieuses.]

Ibid., V^e série, t. 2 (1893), p. 142-143.

Voyez, en outre, le n° 10.

1894

Voyez le n° 503.

1895

Le duel des Horaces et des Curiaces.

Note signée A. de M.
Correspondance historique et archéologique, 1895, n° de janvier, pp. 16 et 17.

Le mariage de Louis XIV et de Madame de Maintenon.

Note signée A. de M.
Ibid., 1895, n° de janvier, pp. 18 et 19.

L'hymne à Cérès, traduit en vers par Anatole de Montaiglon. *Paris, D. Dumoulin*, 1895, in-8, 47 p.

Cette publication, posthume, est précédée d'une notice signée : « Joseph Dumoulin, élève de l'Ecole des Chartes », par les soins de qui elle a paru.

Le Drame paschal de la résurrection. Nouvelle édition, revue sur le manuscrit unique de la bibliothèque de Tours, par Anatole de Montaiglon. *Tours, Bousrez*, 1895, in-4, 32 p.

« A M. Charles de Grandmaison, archiviste d'Indre-et-Loire, souvenir de son vieux camarade et ami, A. de Montaiglon. Grand Martigny, 6 septembre 1894. »
Ce volume, paru après la mort de M. de Montaiglon, a été publié par les soins de Dom Maurice de la Tremblaye, signataire d'une « Note de l'éditeur » encartée dans l'ouvrage.

Bibliographie chronologique des ouvrages de Benjamin Fillon (1838-1881). (Fontenay-le-Comte, imp. Baud). *Niort, Clouzot*, 1895, grand in-4, 111 pages.

Ouvrage terminé après la mort de M. de Montaiglon par les soins de M. A. Charier-Fillon.
Au verso du faux titre : « A mon maître et ami M. Jules Quicherat, directeur de l'école des Chartes. Souvenir d'un ami commun.

A. de M.

La Motte-au-Perche, septembre 1881. »

Voyez, en outre, les n°s 10 et 503.

1896

L'Advocacie Nostre Dame et la chapelerie Nostre Dame de Baïex. Poème normand du xive siècle, imprimé en entier pour la première fois d'après le manuscrit unique de la bibliothèque d'Evreux. *Paris, Académie des Bibliophiles,* mai 1869, petit in-8, VIII-130 p.

<small>Titre rouge et noir.
Ce texte, préparé par M. de Montaiglon et accompagné d'un glossaire dressé par lui, avait été imprimé en 1869, mais n'avait jamais paru en librairie. Retrouvé en feuilles dans sa bibliothèque, il a été mis en vente à la librairie Honoré Champion, avec une préface rédigée par M. Gaston Raynaud.</small>

Notice sur l'ancienne statue équestre de Louis XIII, par Anatole de Montaiglon, suivie de sonnets sur le Jugement dernier de Michel-Ange. *Paris, Charavay frères,* 1874-1896, in-8, 95 p.

<small>Le titre même porte : Notice sur l'ancienne statue équestre, ouvrage de Dianello (sic) Ricciarelli et de Biard le fils, élevée à Louis XIII en 1639, au milieu de la Place Royale, à Paris, par M. Anatole de Montaiglon. *Paris, J. Baur,* 1874.
« La réimpression actuelle est en réalité une troisième édition également revue, et dans laquelle se trouve imprimé, pour la première fois, d'après les Registres de la Ville, le procès-verbal de la dédicace de la statue en 1639. A. de M. »
Bien que prête dès 1873, cette réédition (1), dont l'auteur retardait toujours la publication faute de découvrir le texte de l'inscription gravée en 1829 sur le piédestal, et qu'il a été d'ailleurs impossible de retrouver, n'a paru qu'en 1896, par les soins de M. J. Guiffrey, qui y a joint neuf sonnets restés inédits :

a) *En face des noirceurs...*
b) *Le poème du Dante...*
c) *Sur la fin de ses jours...*
d) *La Terre de sa course...*
e) *Dans la fresque aux tons sourds...*</small>

---

(1) Voyez aux n°s 428 et 429 de la *Bibliographie* la description des deux premières éditions.

f) *Auprès de San Marco...*
g) *L'attente des malheurs...*
h) *On le sait ; tout vieillit,...*
i) *Les Etoiles sont des Soleils...*

Tiré à 200 exemplaires sur papier vergé.

Nécrologie

Anatole de Montaiglon, 1824-1895.

Discours prononcés sur la tombe de M. de Montaiglon par MM. Paul Meyer, directeur de l'Ecole des Chartes, A. Giry, président de la Société de l'Ecole des Chartes, Ulysse Robert, président de la Société des Antiquaires de France.
Tirage à part de la *Bibliothèque de l'Ecole des Chartes,* 1895, n° d'octobre, p. 591-597.

Anatole de Montaiglon, par Léon Dorez. *Paris, Bouillon,* 1895, in-8.

A la suite de cet article nécrologique sont imprimées, en extraits, cinq lettres de M. de Montaiglon à M. Dorez.
Tirage à part de la *Revue des Bibliothèques,* n° d'août-septembre 1895, p. 261-265.

Anatole de Montaiglon, par Charles Sellier.

Le petit Bibliophile, n° d'août et septembre 1895.

Anatole de Montaiglon, article signé : Georges Bernard.

Paris-Critique, 1er septembre 1895.

Anatole de Montaiglon.

Sonnet de M. Henry Jouin (s. l. n. d.), sur un feuillet petit in-8.

Les *Ex-libris* d'Anatole de Montaiglon, par Léon Quantin.

Archives de la Société française des Collectionneurs d'Ex-libris, 1896, n° de février, p. 21-23.
Cette notice, où est reproduit l'article de M. Ch. Sellier du *Petit Bibliophile,* est illustrée avec l'*ex-libris* et l'étiquette de M. de Montaiglon.

Anatole de Courde de Montaiglon, 1824-1895. Notice biographique, par Jules Guiffrey. *Paris*, 1897, in-8, XLVIII p.

<small>Cette notice, tirée à part, est imprimée en tête du tome VI de la *Correspondance des directeurs de l'Académie de France à Rome* (Paris, Charavay, 1896).</small>

Inauguration du monument à la mémoire d'Anatole de Montaiglon. 9 novembre 1896. (*Nogent-le-Rotrou, imp. Daupeley-Gouverneur*), 7 p. in-8.

<small>Discours prononcés au cimetière du Père Lachaise à l'inauguration du monument d'A. de Montaiglon par M. le comte Delaborde et M. le vicomte Henri de Bornier. En tête, une héliogravure représentant le monument.

Ce monument dû à MM. Corroyer et Sicard, et consistant en une stèle surmontée du masque de bronze, qui reproduit le moulage même pris sur le cadavre, a été érigé à l'aide de souscriptions particulières, provoquées par une circulaire datée de septembre 1896, et signée de MM. Delaborde, H. de Bornier, Jules Guiffrey et Henry Havard.</small>

Anatole de Courde de Montaiglon, 1824-1895, par Mario Schiff.

<small>*Revue politique et littéraire (Revue Bleue)*, n° du 17 juin 1899, p. 756 à 759.</small>

Il faut enfin citer les recueils suivants qui, au lendemain de sa mort, consacrèrent à Anatole de Montaiglon quelques lignes d'adieu :

<small>La *Chronique des arts et de la curiosité*, n° du 7 septembre 1895, p. 295 (article signé : B. P[rost]); la *Correspondance historique et archéologique*, n° de septembre 1895, p. 296 (article signé : Fernand Bournon); la *Revue de l'art chrétien*, n° d'octobre 1895, p. 450 ; le *Bulletin du Bibliophile*, n° de novembre-décembre 1895, page 550 (article sur l'*Hymne à Cérès*, signé : G. V[icaire]); la *Revue historique*, n° de novembre-décembre 1895, p. 446 ; le *Bulletin de la Société de l'histoire de Paris et de l'Ile de France*, 6ᵉ livraison de 1895, p. 193, et 3ᵉ livraison de 1896, p. 98 (discours de M. Jules Lair, prési-</small>

dent, à l'assemblée générale annuelle du 12 mai 1896); le *Bulletin de la Société des anciens textes français*, 1895, p. 79 ; le *Bulletin de la Société nationale des Antiquaires de France*, 1895, p. 266, et 1896, p. 57 (éloge funèbre par M. Ulysse Robert, président, à la séance du 8 janvier 1896) ; la *Revue d'histoire littéraire de la France*, n° de janvier 1896, p. 156 (notice bibliographique), et n° d'avril, p. 312 (discours de M. Gaston Paris à l'assemblée générale de la Société du 20 février 1896) ; la *Réunion des Sociétés des beaux-arts des départements*, vingtième session, 1896, p. 4 (discours de M. Henry Havard, président, à la séance d'ouverture du 7 avril 1896), imprimé d'abord dans le n° du 8 avril 1896 du *Journal officiel de la République française*, p. 1973.

Tel est le dernier hommage que nous devions à la mémoire du maître vénéré qui justifia si bien la devise de son *ex-libris* : « De jour en jour, en apprenant, mourant. »

VENDOME

IMPRIMERIE F. EMPAYTAZ

VENDOME

IMPRIMERIE F. EMPAYTAZ

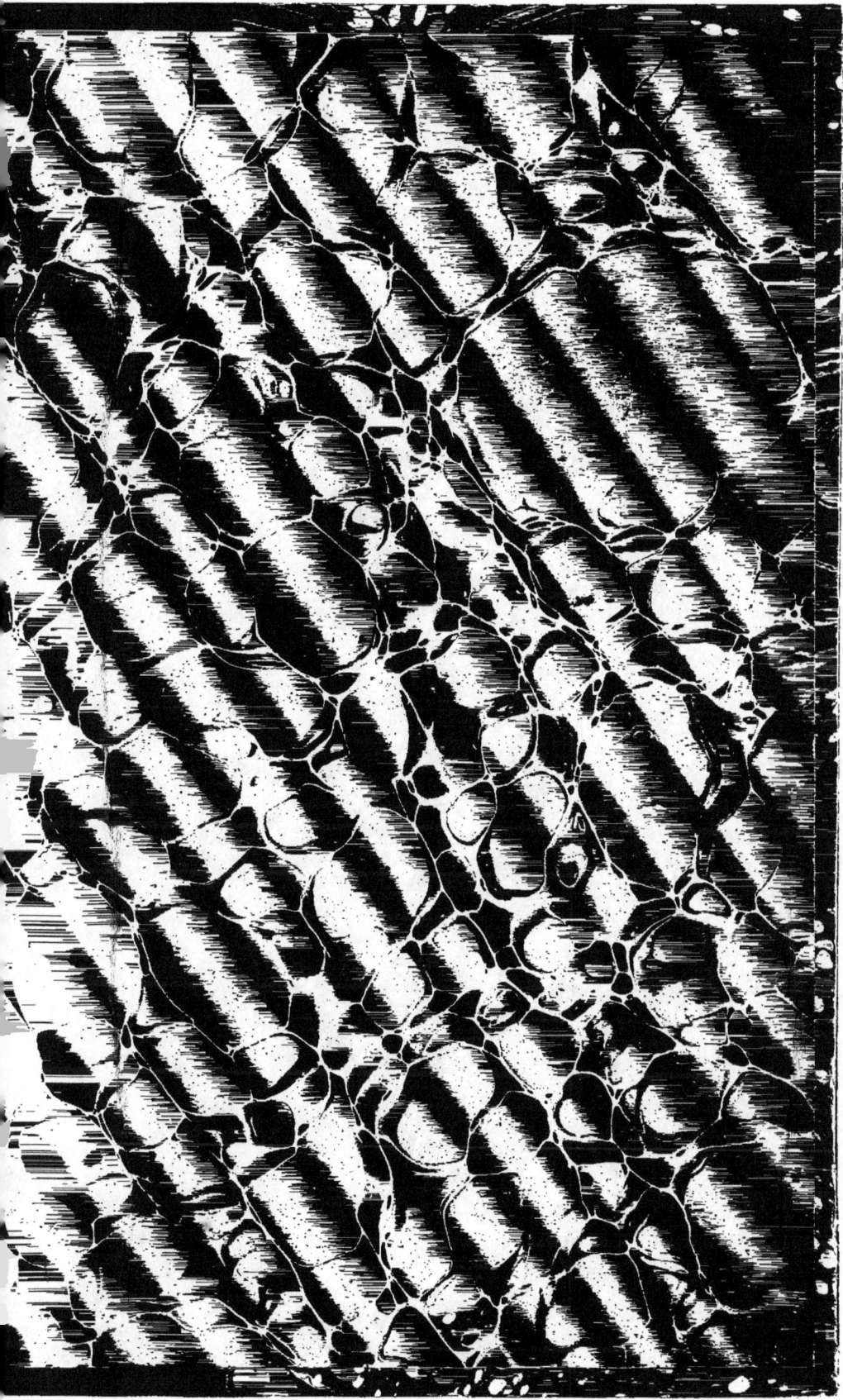

www.ingramcontent.com/pod-product-compliance
Lightning Source LLC
Chambersburg PA
CBHW060911050426
42453CB00010B/1659